Flechthits für Kids

Schmuck und Accessoires aus Textilbändern – damit liegst du voll im Trend! Aus bunten Satin-, Baumwoll- und sonstigen Schnüren und Kordeln kannst du mit den Flechtschablonen und dem Mobidai® ganz einfach die tollsten Bänder flechten. Durch immer neue Farbkombinationen hast du unendlich viele Möglichkeiten!

Auch Figuren wie der Glücksdrache, der Bär, die Libelle oder kleine Schlangen lassen sich aus den geknüpften Bändern machen. Darüber freuen sich sicherlich auch deine Freunde!

Durch die Klemmschlitze in der Flechtscheibe geraten die Fäden nicht durcheinander und du kannst auch unterwegs im Bus oder in der Tram Kumihimo-Schnüre anfertigen.

Wir wünschen dir viel Spaß beim Knüpfen!

Miriam Schwarz

und Roswitha Schwarz

Die Motive lassen sich in folgende Schwierigkeitsgrade unterteilen:

● ○ ○ einfach ● ● ○ etwas schwieriger ● ● ● anspruchsvoll

GRUND-AUSSTATTUNG

Diese Materialien und Hilfsmittel brauchst du bei fast allen gezeigten Arbeiten. Diese sollten bereit stehen, da sie in den einzelnen Materiallisten nicht mehr aufgeführt sind.

- Silberdraht, ø 0,25 mm
- Zwirn und/oder Nähfaden
- Fadenrest als Hilfsfaden, ca. 15 cm lang
- Schere sowie Metallschere, alte Schere oder Seitenschneider (zum Drahtschneiden)
- Maßband
- Zweikomponentenkleber, z. B. UHU Plus endfest 300
- UHU Alleskleber und Sekundenkleber mit Pinsel
- transparenter Klebefilm
- Nähnadel und Stecknadeln
- Pinzette und Schmuckzange
- Zahnstocher
- Küchenkrepp

Hinweis: Alle Längenangaben bei den einzelnen Modellen beziehen sich auf die Endlänge des geflochtenen Bandes, d. h. bei Ketten und Armbändern auf die Länge ohne Endkappen und Verschluss.

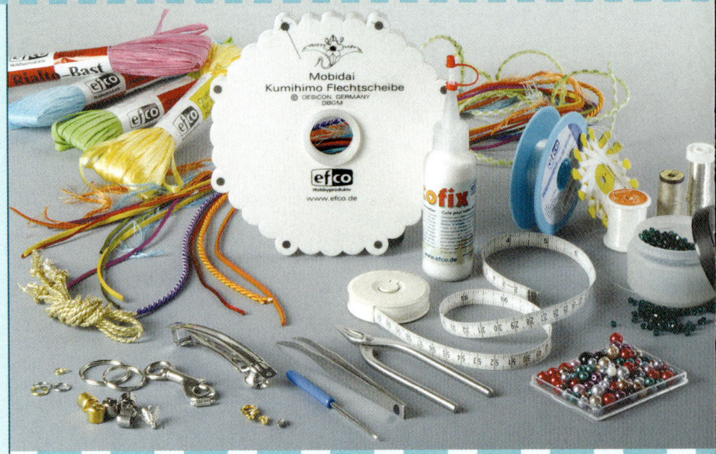

Materialien

Zum Flechten von modernen Kumihimo-Schmuckbändern eignen sich die unterschiedlichsten Materialien, z. B. leuchtende Satin- und gedrehte Viskosekordeln, Baumwollkordeln oder Viskosebast, Alcantaraband, Pfeifenputzer und Chenilledraht, Goldlitze und Gold- oder Silberkordeln.

Weniger geeignet sind dehnbare Fäden, weil diese sich nicht gleichmäßig flechten lassen.

Die bei den Mustern angegebenen Fadenlängen sind Richtwerte, je nach verwendetem Material, gewähltem Flechtmuster und persönlicher Flechtweise (fest oder locker) können die Längen der gearbeiteten Teile teilweise deutlich abweichen. Am besten flichtst du zuerst ein kleines Teststück, das du als kleinen Schlüsselanhänger verwenden kannst.

Tipp: Da für Kumihimo die Fäden in der Regel paarweise verwendet werden, ist in den einzelnen Anleitungen immer die Länge von zwei Fäden zusammen angegeben. Nach dem Aufstecken teilt der Hilfsfaden dieses eine Band in zwei Teile. Nur bei Mustern, die mit zwei verschiedenen Längen oder verschiedenfarbigen Einzelfäden gearbeitet werden, steht die Länge der Einzelfäden. Beachte die Anleitung genau, denn solche Fäden musst du mit den anderen verknoten bzw. mit dem Hilfsfaden mit den anderen Fäden verbinden.

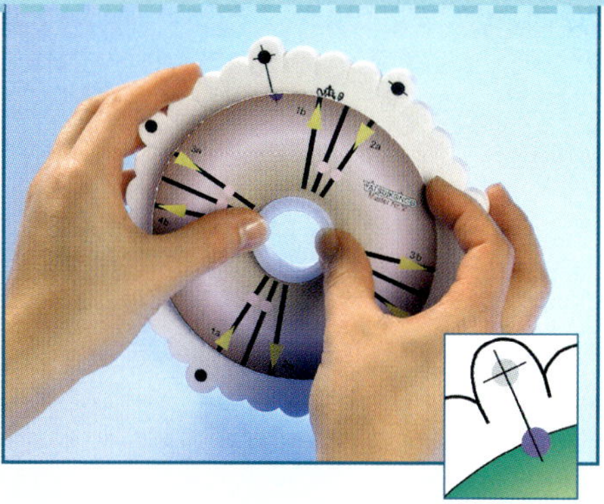

Mobidai® vorbereiten

Lege die Musterschablone mittig auf den Mobidai® auf, der Orientierungspunkt in Lila muss mit dem Kreuzpunkt des Mobidai® übereinstimmen. Dann den Führungsring in die Mitte des Mobidai® einstecken, um die Schablone zu fixieren.

Fäden aufspannen

Die Fadenstränge laut der jeweiligen Farbgrafik auf die mit rosa Punkten gekennzeichneten Linien aufspannen. Wenn möglich, die gegenüberliegenden Fadengruppen miteinander verschlingen, damit ein schöner Anfang entsteht (siehe Zeichnung 1 für Muster „Yatsu Kongo" und Zeichnung 2 für Muster „Tappi").

Diagonal über die Mitte der Fäden einen doppelt gelegten Hilfsfaden legen und beide Fadenenden durch das Loch im Mobidai® nach unten führen.

Das offene Ende des Hilfsfadens durch die Schlaufe am anderen Fadenende stecken und den Faden anziehen. Während der ersten Flechtrunden wird die Flechtung am Hilfsfaden gespannt gehalten.

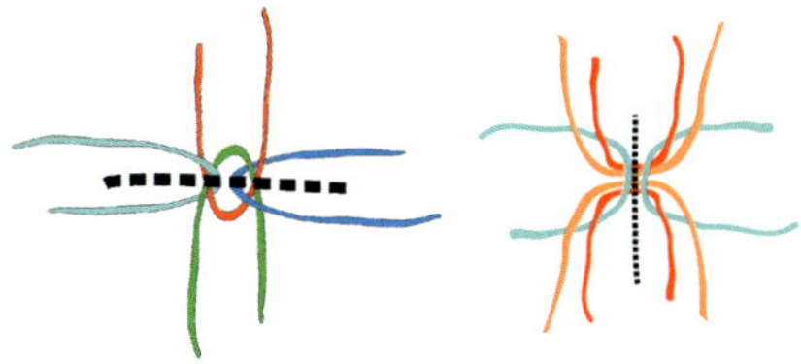

Zeichnung 1 Zeichnung 2

Flechten

Das Flechtmuster mit dem Faden bei 1a beginnen und diesen jeweils von a nach b in Pfeilrichtung verlegen (1a zu 1b, 2a zu 2b usw.). Immer eine Arbeitsrunde komplett flechten, bevor du eine Pause machst.

Je nach Flechtmusterschablone folgen speziell gekennzeichnete Arbeitsschritte, wie z. B. bei den Schablonen „Yatsu Kongo" und „Tappi" das Drehen der Schablone, erkennbar am -Zeichen. Bei der Schablone „Tappi" findest du auch das Zeichen-, dann musst du den Mobidai® drehen. Lies dir auch die Flechtanleitung für deine ausgewählte Musterschablone genau durch und wiederhole die Schritte, bis die gewünschte Kordellänge erreicht ist.

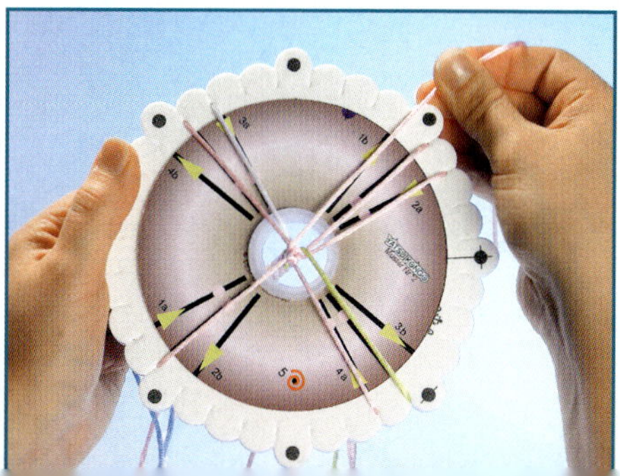

Flechtenden gestalten

Enden verknoten

Nach dem Flechten die Kordel vom Mobidai® nehmen und so halten, dass sich die Flechtung nicht öffnet. Der einfachste Abschluss ist ein Knoten mit allen Fäden der Kumihimo-Schnur (siehe Seite 12).

Enden abbinden

Für andere Abschlüsse die Kordel mehrmals fest mit dünnem Silberdraht (0,25 mm) oder Zwirn umwickeln. Die Drahtenden miteinander verdrehen, die Zwirnenden verknoten oder vernähen. Die Fäden 1 mm bis 2 mm hinter der Abbindung sauber abschneiden.

Endkappen anbringen

Die Kordelenden abbinden und alle Fäden 1 mm bis 2 mm hinter der Abbindung sauber abschneiden. Die Kordel mit Küchenkrepp umwickeln, damit du sie nicht beschmutzt. Sekundenkleber oder nach Herstellerangaben angerührten Zweikomponentenkleber mit einem Zahnstocher auf die Flechtenden auftragen (lass dir dabei von einem Erwachsenen helfen!). Dann das Bandende in die Endkappen stecken und überschüssigen Kleber mit Küchenkrepp entfernen.

Traditioneller Kumihimo-Abschluss

Einen reißfesten Faden zur Schlaufe legen und mit dem offenen Ende an das Ende des geflochtenen Bandes anlegen. Dann das Fadenbündel mit einem separaten Faden (meist aus dem gleichen Material wie die Kordel selbst) von unten nach oben eng umwickeln. Zum Schluss das Ende dieses Fadens in die Schlaufe des Hilfsfadens legen und mit dessen Hilfe unter der Umwicklung durchziehen. Alle Fäden gleichmäßig lang abschneiden, so erhältst du eine schöne Abschlussquaste.

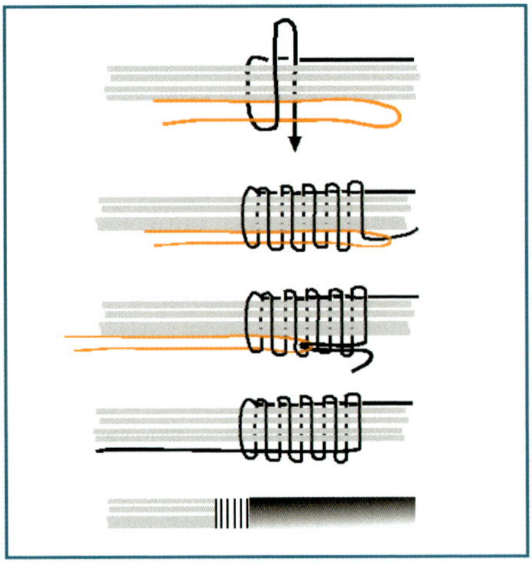

Hinweis: Um das Drehen der Schablone zu erleichtern, kannst du eine kleine selbstklebende Kunststofflinse, wie sie als Dämpfer für Möbeltüren verwendet wird, einen kleinen Druckknopf oder eine Briefklammer auf der Flechtmusterschablone befestigen. Die idealen Stellen zum Aufkleben der Klebelinsen sind mit kleinen Punkten markiert. Bei der Schablone „Tappi" sind zwei Punkte in Grün markiert.

Flechtmusterschablonen

Maru Yotsu

Zum Flechten mit vier Fäden

Beginne die Flechtung mit 1a. Löse den Faden aus dem Klemmschlitz, führe ihn zu 1b und klemme ihn dort wieder fest. Danach den Faden von 2a zu 2b legen. In Schritt 3a wird der Faden um eine Markierung nach links auf 3b gesetzt, um wieder die Ausgangsposition zu erhalten. Dann den Faden von 4a zu 4b und von 5a zu 5b führen. Als letzten Schritt den Faden von 6a auf 6b legen und wieder von vorne beginnen, bis die gewünschte Bandlänge erreicht ist.

Yatsu Kongo

Zum Flechten mit acht Fäden

Beginne die Flechtung mit 1a. Löse den Faden aus dem Klemmschlitz, führe ihn in Pfeilrichtung zu 1b und klemme ihn dort wieder fest. Danach die Fäden 2a zu 2b, 3a zu 3b und 4a zu 4b führen. In Schritt 5 die Musterschablone um eine der 32 Einkerbungen des Mobidai® entgegen dem Uhrzeigersinn drehen, bis die linken Fäden der Zweierpaarungen auf den Ziffernblöcken mit den Buchstaben a stehen. Dann wieder mit 1a beginnen. Die Schritte wiederholst du, bis die gewünschte Bandlänge erreicht ist.

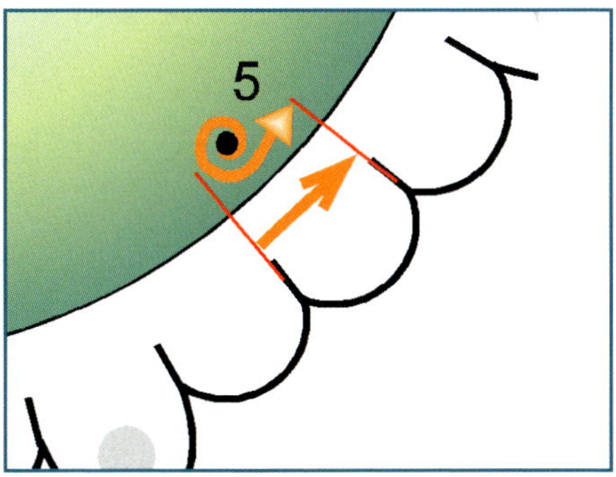

Tappi

Zum Flechten mit zwölf Fäden

Beginne die Flechtung mit 1a. Löse den Faden aus dem Klemmschlitz, führe ihn in Pfeilrichtung zu 1b und klemme ihn dort wieder fest. Danach legst du bis einschließlich 8b alle Fäden von a zu b. In Schritt 9 drehst du die Musterschablone entgegen dem Uhrzeigersinn um 90° (das sind zwei Eckpunkte auf dem Mobidai®). Das erkennst du am -Zeichen. Bei Schritt 10 zeigt dir das -Zeichen, dass du nun den Mobidai® entgegen dem Uhrzeigersinn um 90° drehen musst.

Jetzt liegen alle Fäden wieder auf der Startposition und du startest wieder bei 1a. Wiederhole alle Schritte so oft, bis du die gewünschte Kordellänge erreicht hast.

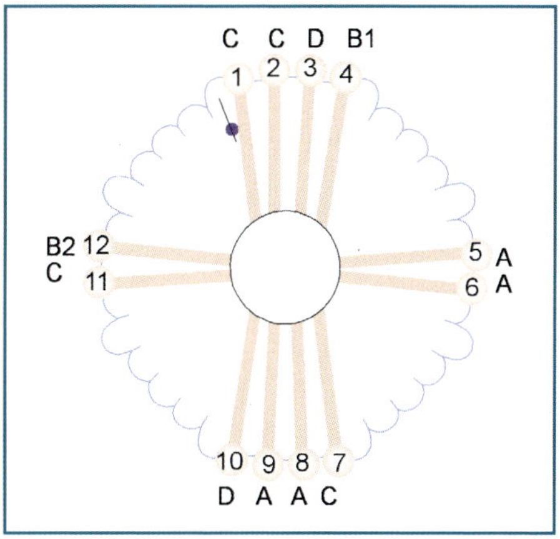

Tipp: Der Fadenverbrauch ist paarweise angegeben und sehr unterschiedlich. Als grobe Richtangabe gilt: Alle Fäden auf Position A und B2 benötigen etwa die 3,5-fache Menge der fertigen Flechtlänge. Die Fäden der Position B1 und B2 haben eine unterschiedliche Länge. Die restlichen Fäden sind mit der 2,5-fachen Länge gut berechnet.

Flechtmuster-schablonen

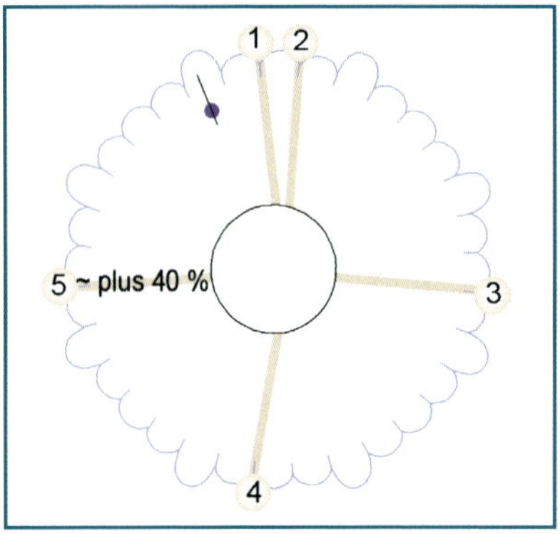

Suiren

Zum Flechten mit fünf Fäden

Beginne die Flechtung mit 1a. Lege den Faden in Richtung des orangefarbenen Pfeils von 1a zu 1b und klemme ihn dort wieder fest. Danach die jeweiligen Fäden von 2a zu 2b, 3a zu 3b, 4a zu 4b bis einschließlich 8a zu 8b verlegen. Bei 9 den Faden in Pfeilrichtung von a nach b verlegen, so dass alle Fäden wieder auf ihren Startpositionen liegen. Die Schritte 1a bis 9b wiederholen, bis die gewünschte Kordellänge erreicht ist.

Tipp: Wenn du den Verbrauch der einzelnen Fäden für die Suiren-Flechtung berechnen möchtest (es kann je nach Material variieren), musst du bei den Fäden 1 bis 4 die zweifache Länge der fertigen Kordel ansetzen. Für den Faden Nr. 5 kommen weitere 40 Prozent dazu.

Libelle

→ mit Chenilledraht geformt

MUSTERSCHABLONE
Suiren

FLECHTLÄNGE
ca. 72 cm

MATERIAL
- Viskosekordel in Hellblau, ø 2 mm, 2 m (1+4) und 1,05 m lang (2)
- Chenilledraht in Hellgrün, ø 5 mm, 2,40 m lang (5+3)
- Rohholzperle, ø 2 cm (Loch ø 4 mm)
- Wackelaugen mit Lid, ø 7 mm

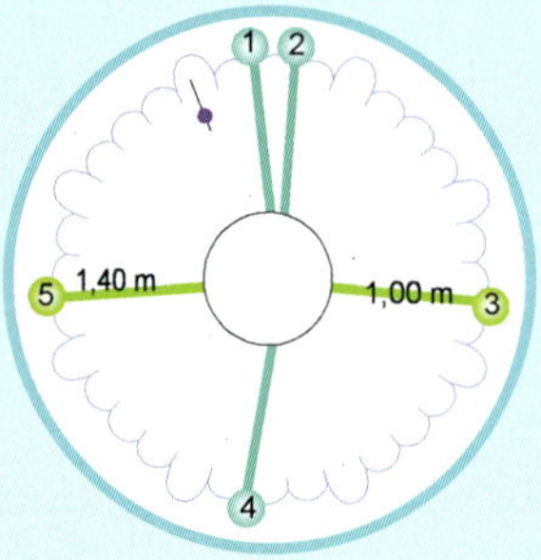

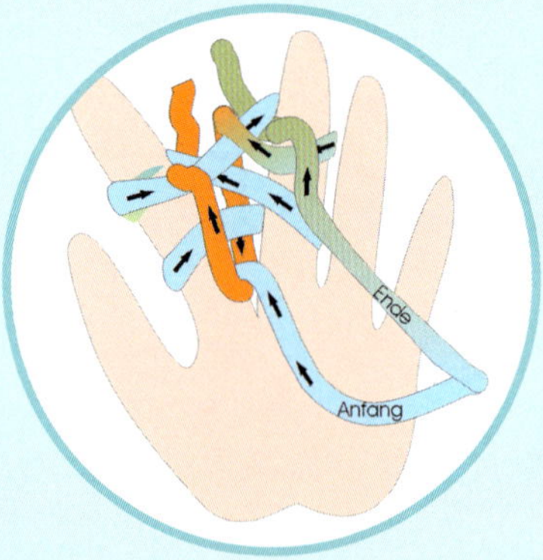

1 Den langen hellblauen Faden laut Farbgrafik auf Position 1 und 4 spannen. In den kürzeren an einem Ende einen Knoten machen, diesen in die Mitte der Flechtscheibe legen und den Faden auf Position 2 einklemmen. Den grünen Faden laut Farbgrafik aufspannen, die Längenangaben beachten!

2 Alle Doppelfäden und den Einzelfaden mit Knoten in der Mitte mit einem Hilfsfaden zusammenfassen. Die Kordel laut Flechtanleitung für die Schablone „Suiren" auf Seite 6 anfertigen. Das Ende mit Nähfaden abbinden.

3 Nun wird die Kordel zur Libelle geformt: Dafür vom Flechtkordelanfang 15 cm abmessen. Mit dem Rest der Kordel wie in der Skizze links in Blau gezeigt zwischen den Fingern zwei Achten legen.

4 Dann dem orangefarbenen Fadenverlauf folgen: Den Faden vom Mittelfinger aus hinter dem Geflecht entlang nach unten zum Zeigefingeransatz führen. Unter der Kordel nach vorne stecken und laut Zeichnung wieder nach oben hinten führen.

5 Anschließend den Kordelanfang (hellgrün gezeichnet) von der Handinnenseite nach oben legen und durch die obere rechte Acht nach unten ziehen. Die beiden Enden verknoten und die Libelle von den Fingern heben. Einen Faden rechts, den anderen nach links um den Libellenkörper legen und auf der anderen Körperseite verknoten. Die Libelle in Form ziehen.

6 Das kurze, lose Kordelende durch die Perle fädeln, mit Kleber fixieren und die Fadenenden an der Perle abschneiden. Die Wackelaugen ankleben.

MUSTERSCHABLONE
Maru Yotsu

FLECHTLÄNGE
je ca. 50 cm

MATERIAL
HAARGUMMI LINKS (a)
- Satinkordel in Creme, ø 2 mm, 3 x 1 m und 2 x 30 cm lang
- bunte Chenillewolle (Plüschwolle), 1 m lang
- 8 bunte Pompons, ø 1,5 cm
- Haargummi

HAARGUMMI RECHTS (b)
- Satinkordel in Rosa, Hellblau und Gelb, ø 2 mm, je 1 m und 30 cm lang
- buntes Effektgarn, 1 m lang
- 2 Holzperlen in Gelb, ø 1 cm, 2 cm lang (Loch ø 3 mm)
- je 2 Kunststoffperlen in Rosa und Hellblau, ø 1 cm (Loch ø 4 mm)
- Haargummi

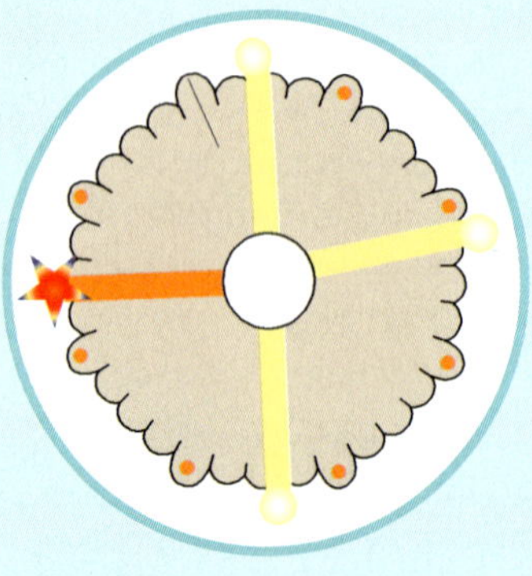

a

Haargummis

→ fröhlich bunt

1 Für jedes Haargummi eine Kordel laut Schablonenanleitung „Maru Yotsu" auf Seite 5 anfertigen. Beachte die Farbgrafik unten für das Aufspannen der Fäden!

2 Dafür jeweils die vier 1 m langen Fäden mit einem Knoten verbinden, auf den Mobidai® spannen und einen Hilfsfaden in der Mitte einknüpfen (damit wird die Flechtung anfangs gehalten). Die Fadenenden nach dem Flechten verknoten.

3 Für das Haargummi links die Flechtkordel und die kurzen Satinfäden zusammenlegen und in der Mitte zusammenfalten. Zum Befestigen am Haargummi die Schlaufe um das Haargummi legen und die offenen Enden durchfädeln. Jeden Pompon auseinander drücken und etwas Sekundenkleber mit dem Pinsel auftragen. Sofort ein Kordelende einlegen. Den Pompon einige Sekunden zusammenpressen.

4 Für das Haargummi rechts die kurzen Satinfäden in der Mitte der Flechtkordel anknoten. Das Haargummi auf die Flechtkordel fädeln und diese verknoten und eine Schleife binden. Auf die eingeknoteten Satinfäden je eine Perle auffädeln und mit einem Knoten sichern.

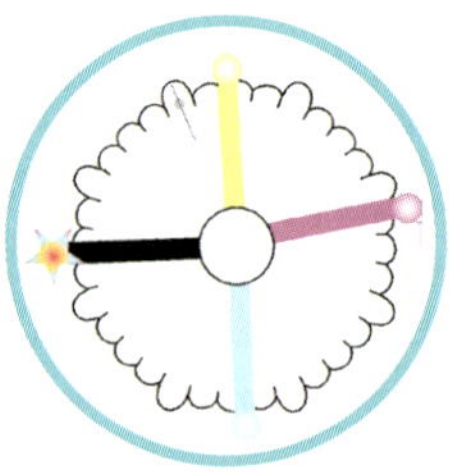

b

MUSTERSCHABLONE
Yatsu Kongo

FLECHTLÄNGE
Rot-Blau-Weiß ca. 57 cm
Grün-Weiß ca. 80 cm
Hellblau-Weiß ca. 70 cm

MATERIAL
ROT-BLAU-WEISS (a)
- Satinkordel in Weiß und Dunkelblau, ø 2 mm, je 2,50 m lang
- Satinkordel in Rot, ø 2 mm, 2 x 2,50 m lang
- Taschenkarabiner, 2,5 cm x 6,5 cm

GRÜN-WEISS (b)
- Satinkordel in Weiß, ø 2 mm, 2 x 3 m lang
- Viskosekordel in Grün, ø 2 mm, 2 x 3 m lang
- Taschenkarabiner, 2,5 cm x 6,5 cm

HELLBLAU-WEISS (c)
- Satinkordel in Royalblau, ø 2 mm, 3 x 3,50 m lang
- Viskosekordel in Weiß, ø 4 mm, 2,90 m lang
- Taschenkarabiner, 2,5 cm x 6,5 cm

Fanbänder

→ in Vereinsfarben

1 Alle vorbereiteten Fäden durch den Schlüsselring ziehen, zur Hälfte legen und mit einem Hilfsfaden in der Mitte zusammenbinden.

2 Für jedes Fanband eine Kordel laut Schablonenanleitung „Yatsu Kongo" auf Seite 5 anfertigen. Beachte die Farbgrafiken unten für das Aufspannen der Fäden! Für das weiß-blaue Band die Enden der dicken Viskosekordel mit etwas durchsichtigem Klebeband umwickeln, damit sie sich nicht auflösen.

3 Die geflochtene Kordel vom Mobidai® nehmen und das Flechtende mit etwas Draht abbinden.

4 Das ungeflochtene Fadenende durch den Schlüsselring ziehen, darum herumklappen und mit Draht umwickeln oder mit Zwirn festnähen. Damit die Verbindung gut hält, zusätzlich mit ein paar Tropfen Sekundenkleber fixieren. Darüber einen traditionellen Kumihimo-Abschluss arbeiten (siehe Seite 4).

Tipp: Wer möchte, kann einen Fan-Anstecker seines Lieblingsvereins an das Band pinnen.

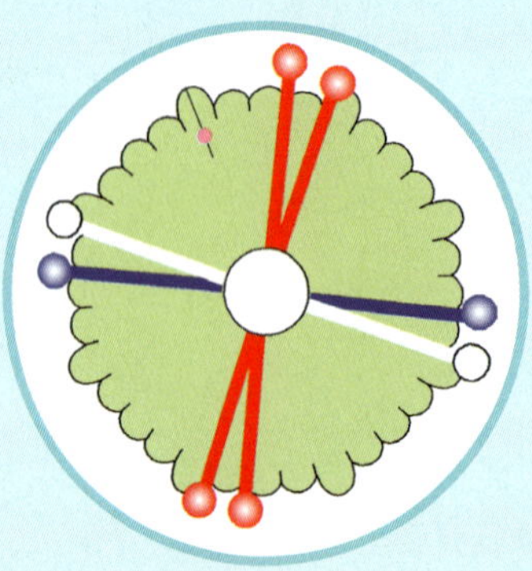

a

b

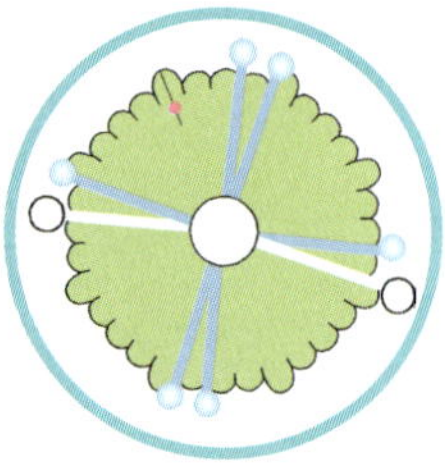

c

TOOR
VIP

MUSTERSCHABLONE
Yatsu Kongo

FLECHTLÄNGE
je ca. 10 cm

MATERIAL
PERLENSCHWEIF (a)

- Cordonnet-Baumwollgarn in Grün und Natur, ø 1 mm, je 2 x 80 cm lang
- Cordonnet-Baumwollgarn in Orange, ø 1 mm, 4 x 80 cm lang
- 16 bunte Holzperlen, ø 8 mm
- Kugelschreibermine

SQUAW (b)

- Baumwollkordel in Gelb, ø 2 mm, 2 x 80 cm lang
- Baumwollkordel in Braun und Türkis, ø 1 mm, 2 x je 80 cm lang
- Holzkopfperle „Puppe", ø 2,5 cm
- 2 Langhaarplüschstücke in Schwarz, 1 cm x 3 cm
- Alcantaraband-Rest in Rot
- Feder
- Kugelschreibermine

a

Stifte

→ witzig umknüpft

Perlenschweif

1 Alle Fäden laut Farbgrafik auf die Flechtscheibe aufspannen, dabei auf jede Markierung zwei Fäden legen. Die Spitze der Kugelschreibermine mittig einstecken und den Hilfsfaden einknüpfen.

2 Den Flechtanfang mit der Mine unterhalb der Flechtscheibe einige Runden festhalten, bis das Geflecht fest sitzt. Bis zum Minenende flechten. Beachte dafür die Flechtanleitung für die Schablone „Yatsu Kongo" auf Seite 5.

3 Die Flechtung in der Mitte festhalten, vom Mobidai® nehmen und mit allen Fäden einen dicken Knoten arbeiten. Auf jedes Fadenende eine Perle fädeln und mit einem einfachen Knoten sichern.

Squaw

1 Die Fäden laut Farbgrafik aufspannen, die dünnen Fäden werden zweifach gelegt. Die Mine einstecken und wie beim „Perlenschweif" beschrieben eine Kordel flechten. Die Mine nicht vollständig umflechten, sondern die große Holzperle auf das Minenende kleben.

2 Die Fadenenden teilen, das ergibt die Arme, und auf jeder Seite zwei Knoten für Schulter und Hand knüpfen.

3 Die Langhaarplüschstreifen mit Klebstoff auf dem Kopf befestigen. Das Alcantaraband um die Frisur binden, verknoten und mit einer Feder dekorieren.

b

Glücksbringer

→ Glücksdrache und Himmelsdrache

MUSTERSCHABLONE
Tappi

FLECHTLÄNGE
Drachenkörper ca. 19 cm
Drachenfüße zusammen ca. 19 cm

MATERIAL GLÜCKSDRACHE (a) (HIMMELSDRACHE) (b) JEWEILS FÜR DRACHENKÖRPER UND DRACHENFÜSSE

- Satinkordel in Pink (Hellblau), ø 2 mm, 2 x 1,20 m lang (A)
- Satinkordel in Rot (Blau), ø 2 mm, 1,20 m (B1=70 cm + B2=50 cm) lang
- Satinkordel in Rot (Blau), ø 2 mm, 3 x 90 cm lang (C + D)
- Satinkordel in Rot (Blau), ø 2 mm, 2 x 50 cm lang (Drachenflügel)

ZUSÄTZLICH PRO DRACHE

- 35 Perlen in Weiß (Blau), ø ca. 7 mm (Loch ø 2 mm)
- Tieraugen in Blau (Gelb), ø 6 mm
- Häkelnadel

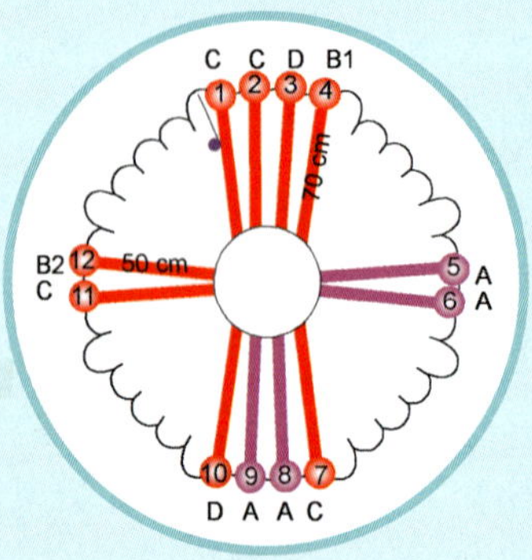

a

1 Für die Beine die Fäden laut Farbgrafik auf den Mobidai® spannen und mit einem Hilfsfaden zusammenbinden. Wie auf Seite 5 für die Schablone „Tappi" beschrieben eine 19 cm lange Kordel flechten.

2 Die Schnur von der Flechtscheibe nehmen. Das Flechtende mit einem doppelt gelegten Nähfaden fest abbinden und den Faden mit einigen Stichen vernähen. Ebenso 7 cm und 9 cm vom Ende und 1 cm vom Kordelanfang entfernt mit einem Nähfaden abbinden und ihn vernähen. Zwischen der Abbindung bei 7 cm und 9 cm die Kordel durchschneiden, die Enden entflechten und jedes auf 8 mm kürzen. Die Beine beiseite legen.

3 Für den Körper eine weitere gleiche Flechtung beginnen und 10 cm lang flechten. Dann eine kürzere Flechtkordel für die Hinterbeine diagonal über die Flechtung legen und die Enden durch die Mittelöffnung des Mobidai® nach unten führen. Weitere 2 cm flechten und die zweite Beinkordel genauso einarbeiten. Nun den Rest der Kordel flechten und ohne weiteres Abbinden von der Flechtscheibe nehmen.

4 Mit je zwei Endfäden in Pink bzw. drei Endfäden in Hellblau und Blau beidseitig dicht am Flechtende einen Knoten machen und das Stück als Ohren fest an das Flechtende schieben. Diese Fäden schräg abschneiden und in Ohrform bringen.

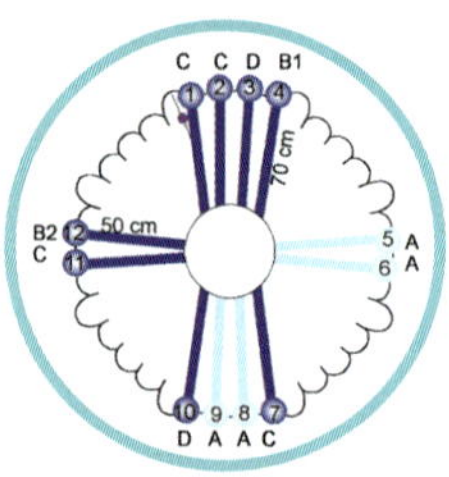

b

5 Für die Nüstern mit je vier Fäden in Rot (drei Fäden in Blau) rechts und links einen Knoten machen. Die Fadenenden nach diesen Knoten für die Nüstern nach unten schlagen, mit Nähfaden mehrmals umwickeln und mit einer 50 cm langen Satinkordel zwischen Nüstern und Ohren einen traditionellen Kumihimo-Abschluss fertigen (siehe Seite 3). So erhält das Gesicht seine Form. Die Augen annähen und die unteren Fadenenden als Bartstoppeln zurechtschneiden.

6 Für die Flügel zwölf Perlen mittig auf einen 50 cm langen Satinfaden auffädeln. Auf Höhe der Vorderbeine den Faden mit einer Häkelnadel durch die Drachenkordel ziehen und weitere 20 Perlen aufziehen. Jetzt ein Ende des Perlenfadens durch die gleiche Stelle zurückführen und verknoten. Auf jedes Ende weitere drei Perlen fädeln. Die Bandenden verknoten und den Knoten sowie die Bandenden der Füße mit etwas Sekundenkleber fixieren.

Schnürsenkel

→ ganz individuell

1 Alle Schnürsenkel werden nach der gleichen Anleitung gearbeitet und variieren nur in den Farben und Materialien.

2 Die Fäden an einer Seite zusammenknoten und den Hilfsfaden einfädeln. Dann laut Farbgrafik auf den Mobidai® spannen und verflechten. Die Baumwollkordel in Pink wird mit der Effektwolle zusammen als ein Strang verflochten. Dabei die Flechtanleitung für die Schablone „Maru Yotsu“ auf Seite 5 beachten.

3 Die Flechtkordel vom Mobidai® abnehmen. Die Kordelenden mit etwas durchsichtigem Klebefilm umhüllen und die Restfäden an der umklebten Stelle mittig durchschneiden. Dies erleichtert das Einfädeln in die Schuhe. Danach den Klebefilm wieder entfernen und die Schnurenden verknoten.

Tipp: Du kannst die Länge der Schnürsenkel leicht selbst variieren. Die Bänder zum Flechten haben etwa die 1,5-fache Länge der fertigen Kordel.

MUSTERSCHABLONE
Maru Yotsu

FLECHTLÄNGE
pro Band ca. 2 m

MATERIAL PRO SCHNÜRSENKEL IN ROSA (a)
- Baumwollkordel in Orange, Aubergine, Pink und Rosa, ø 1 mm, je 3 m lang
- Effektwolle in Pink, 3 m lang

IN BLAU (b)
- Baumwollkordel in Natur und Blau, ø 2 mm, je 3 m lang
- Baumwollkordel in Beige und Hellblau, ø 1 mm, je 3 m lang

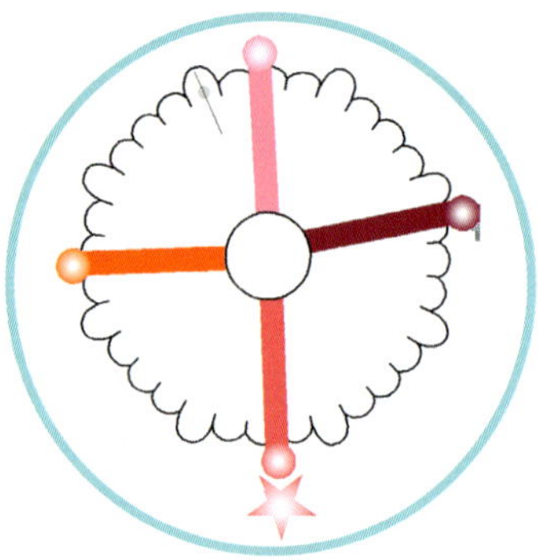

a

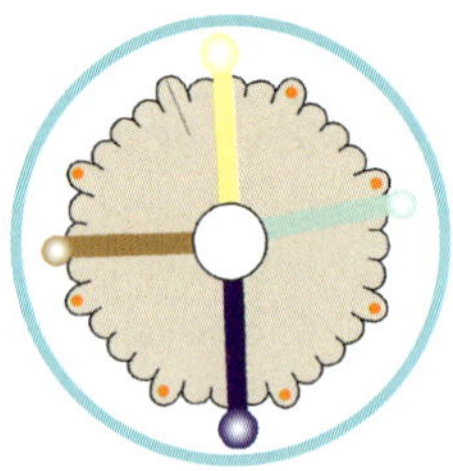

b

Für Oliver
von Maria

● ○ ○

MUSTERSCHABLONE
Tappi

FLECHTLÄNGE
ca. 17 cm

MATERIAL
HERZ IN ROSA (a) (PINK) (b)

- Satinkordel in Bordeaux und Pink (2 x Pink), ø 2 mm, je 1,10 m lang (A)
- Satinkordel in Hellrosa (Rot), ø 2 mm, 90 cm lang (B1=55 cm, B2=35 cm)
- Satinkordel in Hellrosa (Rot), ø 2 mm, 2 x 80 cm lang (C)
- Satinkordel in Hellrosa (Rot), ø 2 mm, 60 cm lang (D)
- Satinkordel in Bordeaux (Pink), 60 cm lang (Aufhängefaden)

HERZ IN ROSA-SCHWARZ-ORANGE (c)

- Satinkordel in Orange und Pink, ø 2 mm, je 1,10 m lang (A)
- Satinkordel in Schwarz, ø 2 mm, 90 cm lang (B1=55 cm, B2=35 cm)
- Satinkordel in Schwarz, ø 2 mm, 2 x 80 cm lang (C)
- Satinkordel in Schwarz, ø 2 mm, 60 cm lang (D)
- Satinkordel in Schwarz, 60 cm lang (Aufhängefaden)

Herzanhänger

→ für Rucksack, Handy und Co.

1 Die Fäden laut Farbgrafik auf den Mobidai® aufspannen. Um einen schönen Anfang zu erhalten, die einzelnen Fäden beim Aufstecken über der Mitte verschlingen (siehe Seite 3) und mit einem Hilfsfaden zusammenfassen. Nach Schablonenanleitung „Tappi" auf Seite 5 eine 17 cm lange Kordel flechten.

2 Nähfaden auf eine Nadel fädeln und beide Enden gleich lang ziehen. Die geflochtene Kordel von der Flechtscheibe nehmen, das Flechtende mit dem doppelten Nähfaden fest umwickeln und die Enden des Nähfadens verknoten.

3 Die Kordel zum Herz biegen und die Kordelenden als Herzmitte zusammennähen. Mit etwas Sekundenkleber fixieren. Die restlichen losen Satinfäden entweder gleich lang schneiden oder unregelmäßig herunterfallen lassen.

4 Die Mitte des Aufhängefadens an die Herzmitte anlegen und ihn zweimal um die Herzmitte wickeln. Mit einem Knoten und etwas Sekundenkleber fixieren. Mit dem Aufhängefaden das Herz an Rucksack, Reißverschluss etc. knoten.

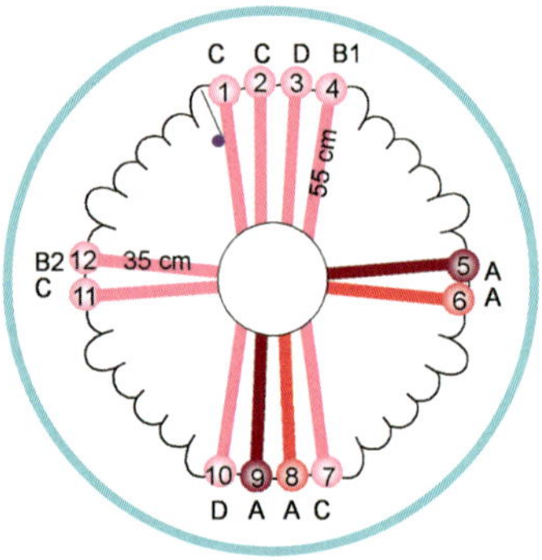

a

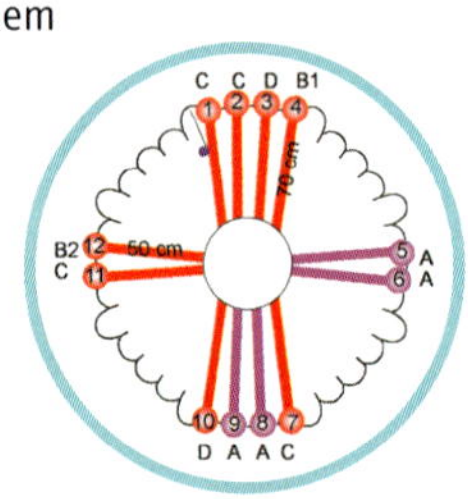

b

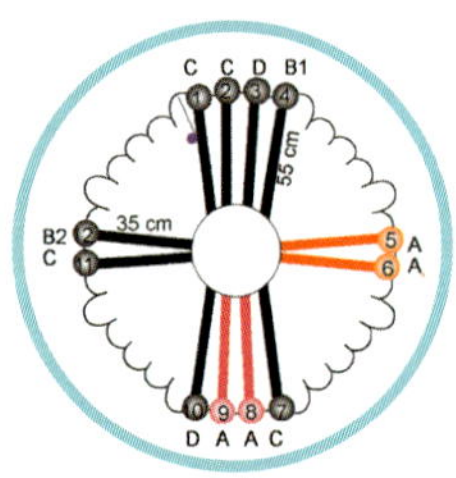

c

MUSTERSCHABLONE
Suiren

FLECHTLÄNGE
ca. 16 cm

MATERIAL

BLAU-GRÜN (a)
- Viskosekordel in Hellblau, ø 4 mm, 70 cm (1+4) und 35 cm lang (2)
- Viskosekordel in Hellgrün, ø 4 mm, 85 cm lang (5+3)
- Paar Endkappen in Silber mit montiertem Verschluss, ø 1 cm

GRÜN-ROSA (b)
- Viskosekordel in Hellgrün, ø 4 mm, 70 cm (1+4) und 35 cm lang (2)
- Viskosekordel in Rosa, ø 4 mm, 85 cm lang (5+3)
- Paar Endkappen in Silber mit montiertem Verschluss, ø 1 cm

BLAU-WEINROT (c)
- Viskosekordel in Hellblau, ø 4 mm, 70 cm (1+4) und 35 cm lang (2)
- Viskosekordel in Weinrot, ø 4 mm, 85 cm lang (5+3)
- Paar Endkappen in Silber mit montiertem Verschluss, ø 1 cm

Blitzarmbänder

→ im Handumdrehen gemacht

1 Beachte die Anleitung für die Flechtmusterschablone „Suiren“ auf Seite 6 und die Farbgrafiken unten! Die Anfertigung aller Kordeln ist gleich, nur die Farben variieren.

2 Auf 1 und 4 den 70 cm langen Faden spannen. In den 35 cm langen Faden an einem Ende einen Knoten machen. Den Knoten in die Mitte des Mobidai® legen und den Faden in 2 einklemmen. Die Kordel 5 und 3 aufspannen, dabei die Längenangaben in der Farbgrafik beachten.

3 Eine 16 cm lange Kordel flechten. Dann von der Flechtscheibe nehmen, mit Draht abbinden und nach 2 mm die Restfäden mit der Schere abschneiden. Die Kordelenden in die Endkappen kleben.

Tipp: Für ein ausgeprägtes Zackenmuster die Querfäden sehr locker flechten. Dazu beim Verlegen der einzelnen Fäden die Flechtung unterhalb der Mobidai®-Mitte festhalten.

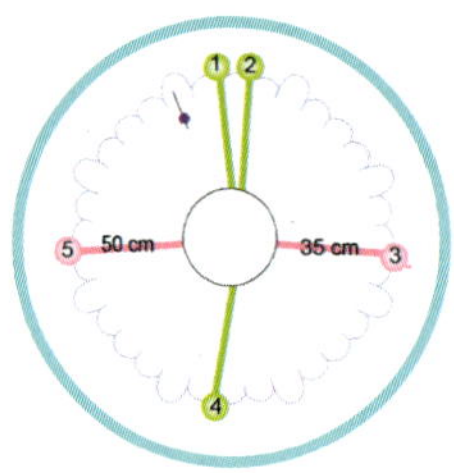

b

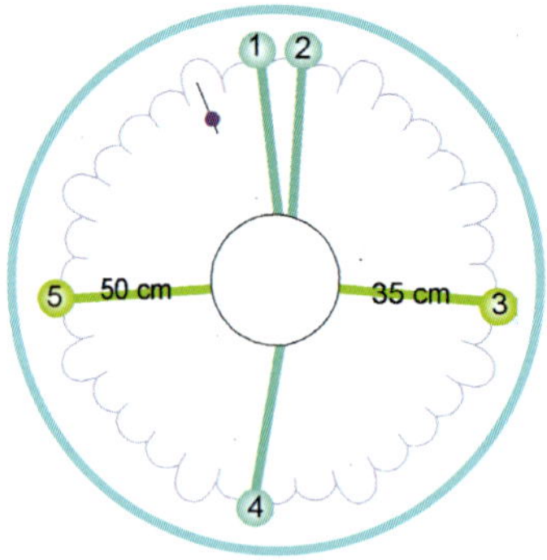

a

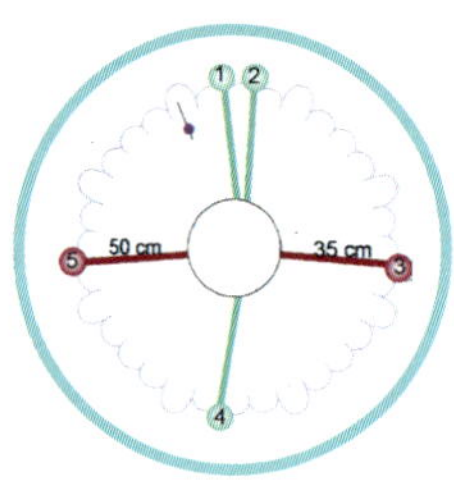

c

MUSTERSCHABLONE
Suiren

FLECHTLÄNGE
Grün ca. 15 cm
Türkis ca. 19 cm
Orange ca. 11 cm

MATERIAL
GRÜN (a)
- Baumwollkordel in Creme, ø 1 mm, je 2 x 80 cm und 40 cm lang
- Baumwollkordel in Olivgrün, ø 1 mm, 3 x 1,30 m lang
- 18 Glasperlen in Grün, ø 7 mm (Loch ø 2 mm)
- Set versilberte Endkappen mit Verschlussmechanik in Tulpenform, ø 6 mm

TÜRKIS (b)
- Baumwollkordel in Weiß, ø 1 mm, je 2 x 1 m und 50 cm lang
- Baumwollkordel in Türkis, ø 1 mm, 3 x 1,40 m lang
- 26 Glasperlen in Hellbau, ø 7 mm (Loch ø 2 mm)
- Set versilberte Endkappen mit Verschlussmechanik in Tulpenform, ø 6 mm

ORANGE (c)
- Baumwollkordel in Creme, ø 1 mm, je 2 x 50 cm und 25 cm lang
- Baumwollkordel in Orange, ø 1 mm, 3 x 70 cm lang
- 12 Glasperlen in Orange, ø 6 mm (Loch ø 1 mm)

Freundschafts-bänder

→ im Tribal-Look

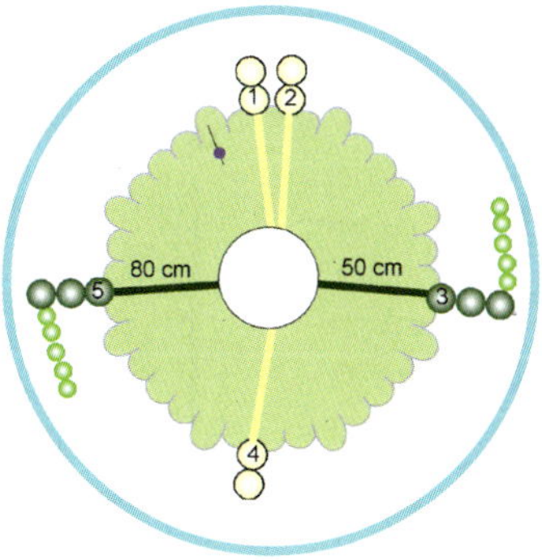

a

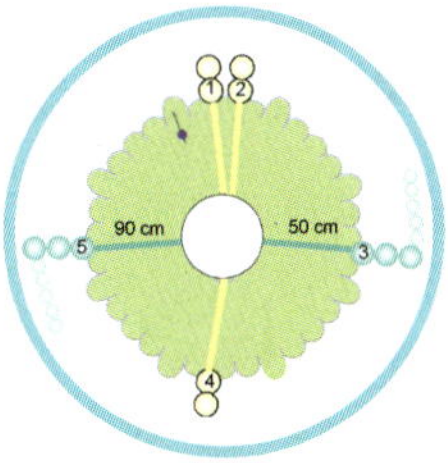

b

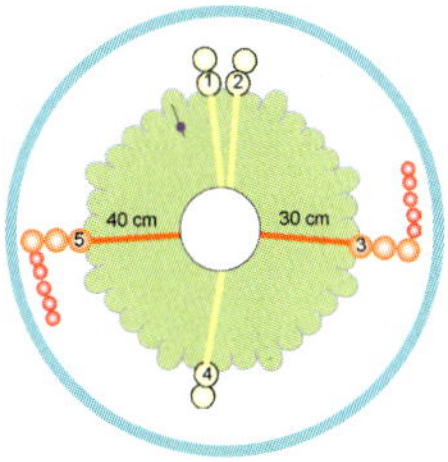

c

1 Alle Kordeln werden gleich, nur in unterschiedlichen Längen und Farben, gearbeitet. Die Fäden laut Farbgrafik aufspannen. Die Fäden der Positionen 1, 2 und 4 zweifach, 5 und 3 dreifach legen.

2 Auf je einen Faden auf Position 3 und 5 jeweils die Hälfte der Perlen auffädeln und das Ende mit einem Knoten sichern. Die Fäden in der Mitte des Mobidai® mit einem Hilfsfaden zusammenfassen (siehe Seite 3).

3 Eine Runde laut Anleitung „Suiren“ auf Seite 6 flechten. Ab der zweiten Runde bei den Schritten 3a zu 3b und 4a zu 4b je eine Perle in die Mitte schieben und mitflechten.

4 Die letzte Runde wieder ohne Perlen flechten. Dann mit Draht abbinden und die verbliebenen Fäden auf 1 mm kürzen. Auch den Knoten des Einzelfadens am Flechtanfang abschneiden. Die Flechtenden in die Endkappen kleben (siehe Seite 4) und die Verschlussmechanik mithilfe von Zange und Pinzette montieren.

Tipp: Um die breite Bandoptik zu erzielen, extrem locker flechten und die waagrechten Fäden, besonders die Perlenfäden, beim Einklemmen in die Randschlitze unterhalb des Mobidai® mit Daumen und Zeigefinger festhalten.

Kette & Armband

→ sportlich für Jungs

MUSTER-SCHABLONE
Tappi

FLECHTLÄNGE
Armband ca. 17 cm
Kette ca. 42 cm

MATERIAL KETTE
- Alcantaraband in Rot, 3 mm breit, 2 x 2,80 m lang (A)
- Alcantaraband in Cognac, 3 mm breit, 2,20 m lang (B1=1,55 m + B2=65 cm)
- Alcantaraband in Cognac, 3 mm breit, 2 x 1,90 m (C) und 1 x 1,50 m lang (D)
- Paar Endkappen in Silber mit montiertem Verschluss, ø 1 cm

ARMBAND
- Alcantaraband in Rot, 3 mm breit, 2 x 1,20 m lang (A)
- Alcantaraband in Cognac, 3 mm breit, 1 x 1,25 m lang (B1=75 cm, B2=50 cm)
- Alcantaraband in Cognac, 3 mm breit, 3 x 95 cm lang (C+D)
- Paar Endkappen in Silber mit montiertem Verschluss, ø 1 cm

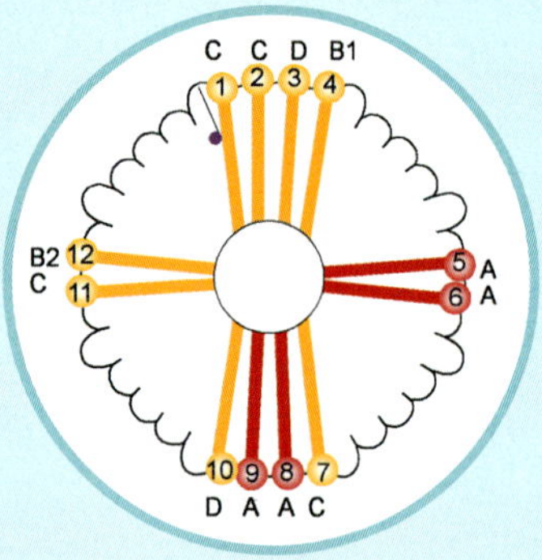

1 Armband und Kette werden gleich gearbeitet, sie unterscheiden sich nur in der Länge.

2 Die Fäden laut Farbgrafik auf den Mobidai® spannen. Dabei auf die Verteilung der unterschiedlich langen Fäden achten. Die Fäden in der Mobidai®-Mitte mit einem Hilfsfaden zusammenfassen (siehe Seite 3).

3 Die Kordel laut Flechtmusteranleitung für die Schablone „Tappi" auf Seite 5 flechten, bis das Band die gewünschte Länge hat.

4 Die geflochtene Kordel vom Mobidai® nehmen und das Flechtende mit etwas Draht abbinden. Die restlichen Fäden ca. 1 mm nach der Drahtbindung abschneiden. Die Flechtenden in die Endkappen kleben (siehe Seite 4).

Listige Schlänglein

→ zum um den Finger wickeln

MUSTER-SCHABLONE
Yatsu Kongo

FLECHTLÄNGE
Grün und Rot ca. 20 cm
Silber-Gold ca. 17 cm

MATERIAL PRO SCHLANGE
- Rohholzperle, ø 1,5 cm (Loch ø 4 mm)
- 2 ovale Wackelaugen, 7 mm lang
- Pinsel und Acrylfarbe in Rot, Grün oder Grau
- Aludraht, ø 1 mm, 20 cm lang

ZUSÄTZLICH ROT (a)
- Baumwollkordel in Creme und Rosa, ø 1 mm, je 1 m lang
- Baumwollkordel in Aubergine, ø 1 mm, 2 x 1 m lang

GRÜN (b)
- Baumwollkordel in Grün, ø 1 mm, 1 m lang
- Baumwollkordel in Olivgrün, ø 1 mm, 3 x 1 m lang

GOLD-SILBER (c)
- Metallic-Zierlitze in Silber und Gold, je 6 x 1 m lang

1 Die Fäden laut Farbgrafik auf den Mobidai® spannen (bei der Goldschlange dreifach gelegt). Die Flechtanleitung auf Seite 5 beachten und drei bis vier Runden flechten, dann den Aludraht in die Flechtmitte stecken. Die Flechtung mit dem Draht von unten einige Runden festhalten, bis der Draht eingeflochten ist. So lange weiter flechten, bis die gewünschte Bandlänge erreicht ist.

2 Die Flechtung in der Mitte festhalten, vom Mobidai® nehmen und fest abbinden. Bis auf zwei Fäden (bei der Goldschlange sechs) alle anderen 2 mm nach der Abbindestelle abschneiden und den Aludraht mit einem Seitenschneider abzwicken.

3 Das Kordelende mit den langen Restfäden durch die Perle ziehen und die Abbindestelle in der Perle verstecken. Etwas Sekundenkleber in die Perle eintropfen und die herausstehenden Fäden als gespaltene Schlangenzunge auf zwei Zentimeter kürzen (bei der Goldschlange je drei Fäden am Zungenende verknoten).

4 Die Perle bemalen und nach dem Trocknen die Wackelaugen ankleben.

b

a

c

Prinzessinnen-Armband

→ zart und mit Perlen geschmückt

MUSTERSCHABLONE
Maru Yotsu

FLECHTLÄNGE
je ca. 17 cm

MATERIAL

CREME (a)

- Organza-Drahtlitze mit Perlen in Creme, ø 8 mm, 2 x 60 cm lang
- Paar Endkappen in Silber, ø 4,5 mm
- zylinderförmige Magnetschließe in Silber, 8 mm lang

ROSA (b)

- Organza-Drahtlitze mit Perlen in Rosa, ø 8 mm, 2 x 60 cm lang
- Paar Endkappen in Silber, ø 4,5 mm
- zylinderförmige Magnetschließe in Silber, 8 mm lang

ROT (c)

- Organza-Drahtlitze mit Perlen in Rot, ø 8 mm, 2 x 60 cm lang

1 Die Armbänder werden gleich angefertigt, variieren nur in der Farbe und dem Verschluss. Die Drahtlitze besteht aus mehreren Einzelfäden. Umwickle deshalb die Enden mit etwas durchsichtigem Klebefilm, damit sie sich nicht aufdrehen können.

2 Die Fäden laut Farbgrafik auf den Mobidai® spannen und gemäß Anleitung für die Flechtmusterschablone „Maru Yotsu" auf Seite 5 flechten, bis die gewünschte Flechtlänge erreicht ist.

3 Die Flechtkordel von der Scheibe abnehmen. Die Enden fest mit farblich passendem Nähfaden umwickeln. Den Faden vernähen oder verknoten.

4 Beim roten Armband am Kordelanfang eine 2 cm große Schlaufe biegen und mit Nähfaden fixieren. Zum Tragen werden die Restfäden am Kordelende geteilt, eine Hälfte durch die Schlaufe gefädelt und mit der anderen verknotet.

5 Bei den beiden anderen Bändern die Endfäden 2 mm nach der Abbindestelle abschneiden und die Kordelenden in die Endkappen kleben. Mit einer Pinzette oder Schmuckzange die Magnetschließe anbringen.

Tipp: Wenn du am Hilfsfaden ein kleines Gewicht befestigst, ist es – vor allem bei den ersten Flechtversuchen – leichter, ein gleichmäßiges Geflecht zu erhalten.

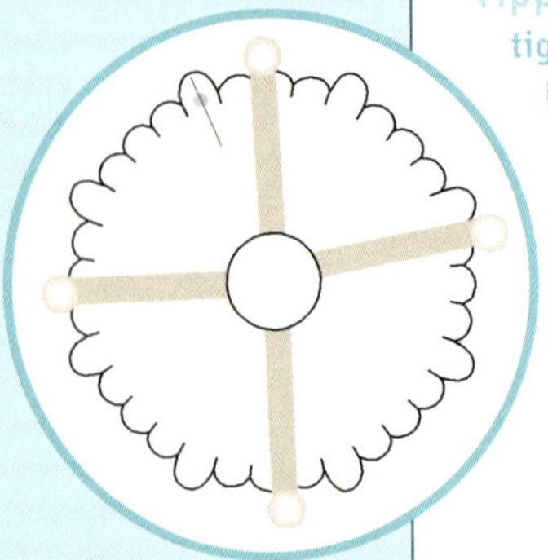

a

b

c

MUSTERSCHABLONE
Tappi

FLECHTLÄNGE
ca. 9 cm je Figur

MATERIAL OKTOPUS IN ORANGE (a) (BLAU) (b)

- Pfeifenputzer in Orange und Beige (Blau und Beige), ø 8 mm, je 50 cm lang (A)
- Satinkordel in Rosa (Hellblau), ø 2 mm, 70 cm lang (B1=45 cm, B2=25 cm) und 3 x 50 cm lang (C+D)
- Satinkordel in Rosa (Hellblau), ø 2 mm, 15 cm (Hilfsfaden) und 30 cm lang (Kumihimo-Abschluss)
- Schlüsselkette mit Spaltring
- 2 Wackelaugen, ø 1,2 cm
- 12 Kunststoffperlen in Rosé (Hellblau), ø 2 mm

Teddybär und Oktopus

→ witzige Anhänger

Oktopus

1 Alle Fäden außer B laut Farbgrafik mittig auf den Mobidai® spannen. Bei Faden B1 45 cm abmessen und diese Stelle als Fadenmitte aufstecken. Die Fäden mit einem farblich passenden Hilfsfaden zusammenfassen.

2 Die Fäden laut Schablonenanleitung auf Seite 5 flechten, bis die gewünschte Länge erreicht ist. Die Kordel von der Flechtscheibe nehmen und das Kordelende mit Silberdraht abbinden.

3 Die Kordel zum Kreis formen und den Schlüsselring auffädeln. Den Hilfsfaden nicht entfernen, sondern damit den Kreis zusammenbinden. Mit einem Doppelknoten und etwas Sekundenkleber fixieren. Darüber einen traditionellen Kumihimo-Abschluss fertigen (siehe Seite 4).

4 Die restlichen Satinfäden auf 8 cm kürzen. Auf jeden eine Perle fädeln und mit einem Knoten fixieren. Auf die Pfeifenputzerenden je eine Perle mit Sekundenkleber befestigen. Die Wackelaugen aufkleben.

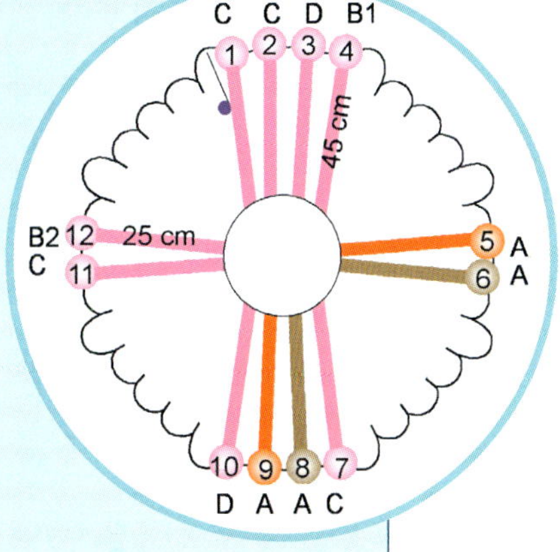

a

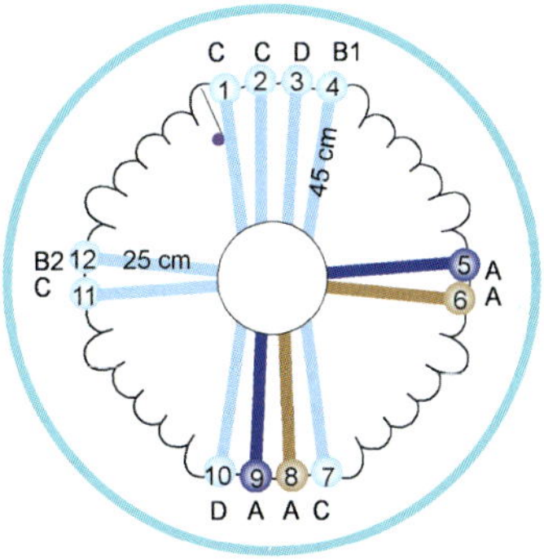

b

WEITERFÜHRUNG

Teddybär und Oktopus

TEDDYBÄR

- Pfeifenputzer in Braun, ø 8 mm, 2 x 50 cm lang (A)
- Satinkordel in Schoko, ø 2 mm, 70 cm lang (B1=45 cm, B2=25 cm) und 3 x 50 cm lang
- Satinkordel in Schoko, ø 2 mm, 15 cm lang (Abschluss-) und 50 cm lang (Aufhängefaden)
- Holzkopfperle „Teddy", ø 3 cm

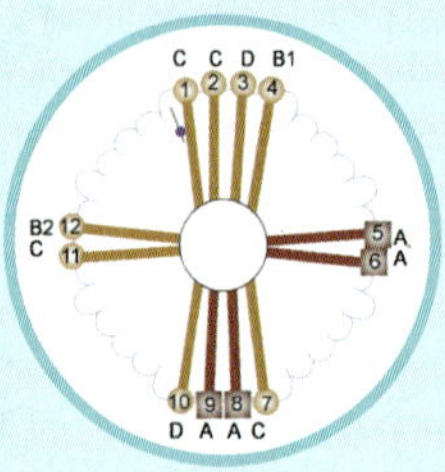

Teddybär

1 Die Kordel wie beim Oktopus beschrieben mit den braunen Fäden (siehe Farbgrafik) flechten und mit einem traditionellen Kumihimo-Abschluss (siehe Seite 4) beenden oder mit Zwirn abbinden.

2 Den Aufhängefaden einmal falten und über die Kordelmitte legen. Das Fadenenden durch die Faltschlaufe legen und festziehen.

3 Die Bärenkopfperle auffädeln, einen Knoten schlingen und mit diesem den Kopf fest an die Kordel schieben. Am Fadenende einen weiteren Knoten knüpfen. Die Flechtkordel u-förmig biegen.

Wir danken der Firma Hobbygross Erler, Rohrbach, für die freundliche Unterstützung.

IMPRESSUM

FOTOS: frechverlag GmbH, 70499 Stuttgart; Fotostudio Ullrich & Co., Renningen (Titel); Tom C.W. Thomas, 76889 Niederhorbach (alle anderen Fotos)
DRUCK: frechdruck GmbH, 70499 Stuttgart

Auflage:	5.	4.	3.	2.
Jahr:	2010	2009	2008	2007

[Letzte Zahlen maßgebend]

ISBN 10: 3-7724-3564-5
ISBN 13: 978-3-7724-3564-5
Best.-Nr. 3564